Pferde artgerecht ernähren

Über Julia Schnur:

Julia Schnur, wurde 1995 in Deutschland geboren. Sie hat bereits mehrere Bücher und Broschüren in diversen Kategorien veröffentlicht.

Ihre Werke sind zum Beispiel zu finden unter:
Amazon „Julia Schnur"

https://www.amazon.de/Julia-Schnur/e/B0BGLW6N6R?ref=sr_ntt_srch_lnk_fkmr0_1&qid=1669731225&sr=8-1-fkmr0

1. Auflage

Copyright Text/ 2023/ Julia Schnur

Herstellung und Verlag:

BoD - Books on Demand, Norderstedt

ISBN: 9783739200989

Bibliografische Information der Deutschen Nationalbibliothek: Die Deutsche Nationalbibliothek verzeichnet diese Publikation in der Deutschen Nationalbiografie; detaillierte bibliografische Daten sind im Internet über www.dnb.de abrufbar.

Inhalt	Seite
Vorwort	7
Allgemeinwissen über die Nahrung eines Pferdes	8
Verdauung des Pferdes	10

Regeln der Pferdeernährung 11

Wann die Pferde füttern?	11
Welche Menge füttern?	12
Hier ein kurzer Überblick über die richtige Futtermenge:	13
Abwechslung in der Pferdeernährung:	14
Was beachten bei der Futterumstellung?	15
Lagerung des Futters:	16

Pferdeernährung: Bestandteile 16

Saftfutter:	17/	Raufutter:	18/	Kraftfutter:	18
Gerste:	19/	Fertigfuttermittel:	19/	Mischfutter:	19
Leckerlis:	20 /	Wasser:	20		

Futtermittel für Pferde genauer betrachtet: 22

Raufutter: Heu: 22/ Raufutter: Stroh:	22
Saftfutter: Grünfutter: 23/ Hinweis: 30/ Verwendung von Kräutern:	30
Saftfutter: Silage: 31 / Saftfutter: Obst und Gemüse:	31
Kraftfutter:	33
Tabellarische Übersicht von Raufutter, Saftfutter und Kraftfutter:	35
Mischfutter: 42 /Mineralfutter:	42
Empfohlene Mineral-Menge in einer kleinen Übersicht:	48

Vitamine: 49

Erhöhter Eiweißbedarf bei Pferden 51
Futter bei erhöhtem Eiweißbedarf: 52

Ernährungsprogramme 53
Ernährung für Sportpferde: 53/ Ernährung für Zuchtstuten: 53
Ernährung für Rentnerpferd: 54/ Ernährung für Weidepferde: 54
Ernährung für Fohlen: 54/ Ernährung für Rekonvaleszenzpferde: 54
Diät für Pferde: 55

Pferdeernährung im Wandel 60
Was hat sich in der Leistung geändert? 60
Was hat sich im Energieverbrauch geändert? 61
Folgen der Veränderung: 61/Die Weidehaltung: 63/Fehlende Abwechslung: 64

Pferden Lebensmittel füttern? 65
Zitrusfrüchte: 65/ Obst: 66/ Nachtschattengewächse: 66
Kreuzblütlergewächse: 67/ Avocados: 67/ Schokolade: 67
Brot und andere Backwaren: 67/ Milchprodukte: 68

Rationsberechnung 68

Zusammenfassung 69

Quellenverzeichnis Bilder 70

Vorwort

Eine gesunde und ausgewogene Ernährung eines Pferdes bewirkt das gleiche wie bei einem Menschen. Sie hat einen großen Einfluss auf die Gesundheit des Tieres und seines Wohlbefindens. Die richtige Nahrung versorgt nicht nur Menschen mit Nährstoffen, Vitaminen und Mineralien, sondern auch Pferde. Auf diese Weise bleiben sie nicht nur gesund, sondern behalten auch ein schön glänzendes Fell, den Drang zur Bewegung und gesunde Hufe.

Um diese Dinge zu gewährleisten, gibt es sogar spezielle Ernährungsprogramme. Diese sind jedoch nicht für jedes Tier etwas. Sie sind unter anderem für Sportpferde, Zuchtpferde und für Fohlen geeignet. Jedes Pferd hat unterschiedliche Bedürfnisse, auf die wir später noch zu sprechen kommen werden.

Allgemeinwissen über die Nahrung eines Pferdes

Mit der Nahrung eines Pferdes muss sich immer wieder beschäftigt werden. Genauso wie Menschen sind Pferde unterschiedlich. Und genauso wie Menschen verschiedene Dinge am liebsten mögen, ist dies bei Pferden. Auch die Umstände der Haltung können sich ändern.

Bild 5: 3 Pferde bedienen sich am Raufutter

Hauptsächlich fressen Pferde Raufutter, also Heu und Stroh. Die Inhaltsstoffe, liefern aber nicht alle nötigen Nährstoffe. Daher ist weiteres Futter nötig.

Die Nahrung muss auf die jeweiligen Bedürfnisse des Tieres angepasst sein. Nur so kann man sicher sein, dass es alles bekommt, was es braucht. Leistungspferde, zum Beispiel Turnierpferde und Polizeipferde haben einen sehr viel höheren Energieverbrauch als Freizeitpferde. Tragende und säugende Stuten brauchen mehr Eiweiß als andere Stuten. Auch Fohlen können bei bestimmten Voraussetzungen auf Zusatzfutter angewiesen sein. Dies ist insbesondere dann der Fall, wenn sie Hilfe für den Aufbau ihrer Gelenke brauchen. Dann sollte täglich Mineralfutter zugefüttert werden.

Die richtige Auswahl des Futters ist wichtig für die Gesundheit des Pferdes und für die Leistungsfähigkeit.

Verdauung des Pferdes

Bei der Pferdefütterung sollten die Tiere nur **kleine Mengen** bekommen. Sie fressen **dafür mehrmals am Tag**. Damit kann der Magen dies besser verdauen.

Die Verdauung bei einem Pferd beginnt im Magen und geht im Dünndarm weiter. Die Teile des Futters, die im Dünndarm nicht verdaut werden, gelangen in den Dickdarm. Dies sind vor allem Rohfaser.

Der Dickdarm eines Pferdes fungiert in gewisser Weise wie eine Gärkammer. Hier werden die Bestandteile des Futters, die noch nicht verdaut wurden, in Nährstoffquellen umgewandelt. Dies bedeutet, dass Energie freigesetzt wird.

Es gibt jedoch auch Bestandteile des Futters, die nicht verdaut werden. Diese werden später mit dem Pferdekot ausgeschieden. Je nachdem, was das Pferd bekommen hat, ist dieser fester oder wässriger.

Bekommt das Pferd falsches Futter oder Futter, welches eine schlechte Qualität aufweist, kann es zu schweren Verdauungsproblemen kommen. Dies ist auch bei einer schnellen Ernährungsumstellung der Fall. Auch wenn das Pferd zu viel Futter bekommt, können Probleme auftauchen. Im schlimmsten

Fall führen diese Probleme zu Koliken, die den Tod des Pferdes zur Folge haben.

Außerdem können zu viele Kohlenhydrate und Eiweiß zu Hufrehe führen. Es ist wichtig, dieses Thema ernst zu nehmen und das Futter regelmäßig zu prüfen

Regeln der Pferdeernährung

Wie es überall der Fall ist, müssen auch bei der Fütterung der Pferde ein paar Regeln beachtet werden.

Wann die Pferde füttern?
Pferde sollten **auf keinen Fall direkt vor dem Reiten oder danach** gefüttert werden. Wenn man dies macht, könnte die Leistungsfähigkeit herabgesetzt werden, da das Futter schwer im Magen liegt. Es muss erst verdaut werden.
Nachdem man das Pferd mit **stärkehaltigem Futter** gefüttert hat, sollte man ungefähr **sechs Stunden warten**, ehe man mit dem Training beginnt. Bei einem Pferd, welches auf der **Wiese** stand, sollten **zwei Stunden** gewartet werden.

Auch nach dem Training ist eine gewisse Zeit vergehen zu lassen, ehe die Fütterung geschieht. Sonst kann es zu Koliken kommen.

Welche Menge füttern?

Noch eine wichtige Regel bei der Fütterung von Pferden ist die Futtermenge. Wie viel Futter ein Pferd benötigt, hängt unter anderem vom Gewicht ab, aber auch von der Leistung, die es täglich erbringt. Bei einem Gewicht von ungefähr 500 Kilogramm benötigt ein Pferd etwa 24.000 Kilokalorien. Um diesen täglich abzudecken, wird ungefähr fünf Kilogramm Heu benötigt. Bezüglich des benötigten Raufutters kann die Menge je Tag einfach ausgerechnet werden. **Im Durchschnitt sollen 1,5 Kilogramm Heu pro 100 Kilogramm Körpergewicht** des Pferdes verfüttert werden. Bei Stroh ist es weniger. Dort sind es nur 500 Gramm. **Zum täglichen Futter** eines Pferdes (mit einem Gewicht von 500-600 Kilogramm), **kommen ungefähr 5 Kilogramm Kraftfutter** täglich hinzu.

Das Futter sollte nicht auf einmal gegeben werden, sondern in **kleineren, mehreren Portionen**. Denn Pferde haben einen kleinen Magen. Der Magen eines Pferdes kann maximal 15-20 Liter aufnehmen. Aufgrund der Magensäfte und des Speichels quillt schon eine große Schaufel Futter so auf, dass der Magen voll ist.

Hier ein kurzer Überblick über die richtige Futtermenge:

Futtermittel	Menge pro Tag
Gesamtfutter	24.000 Kilokalorien*
Raufutter Heu **oder** Raufutter Stroh	1,5 kg** pro 100 kg** Körpergewicht **oder** 500 g** pro 100 kg** Körpergewicht
Kraftfutter	Ca. 5 kg*
Kraftfutter Hafer	Max. 300 g**
Kraftfutter Pellets	Bis 1,5 kg** pro 100 kg** Körpergewicht
Kraftfutter Müsli	Bis 500 g** pro 100 kg** Körpergewicht
Saftfutter Äpfel	Max. 2-4 Stück
Saftfutter Möhren	Max. 1 kg** pro 100 kg** Körpergewicht
Mineralfutter	Etwa 60 g
Wasser	5-15 l** pro 100 kg** Körper-gewicht

*bei einem Pferd mit einem Gewicht von ca. 500 kg

**gr. = Gramm, kg = Kilogramm, l = Liter

Abwechslung in der Pferdeernährung:

Genauso wie Menschen wollen auch Pferde nicht jeden Tag das Gleiche essen. Daher ist es wichtig, Abwechslung in den Ernährungsplan zu bringen. Wobei immer darauf geachtet werden muss, dass das Tier alle Nährstoffe bekommt. **Frisches Futter** sollte der Hauptbestandteil der Pferdefütterung sein. Eine **gesunde Mischung** ist aber entscheidend.

Bild 6: Heu und Stroh sind ein Grundbestandteil der Pferdenahrung.

Nicht nur Heu und Stroh gehören zu den Grundnahrungsmitteln eines Pferdes. Auch verschiedene Kräuter, Heulagen, Maissilagen, Karotten, Äpfel und Bananen sind bei Pferden begehrt.

Bei der Ernährung eines Pferdes können Pellets gegeben werden. Diese bestehen aus Gras und Getreide. Auch Nährstoffe sind zusätzlich untergemischt.

Da bereits fertige Mischungen meist teurer sind, als wenn alles einzeln gekauft wird, mischen viele selber. Allerdings muss dabei auf alles geachtet werden, da die richtige Futtermischung wichtig ist. Das Vergessen wichtiger Nährstoffe kann zu Problemen mit der Gesundheit führen. Das zuvor gesparte Geld fällt dann für den Tierarztbesuch an.

<u>Was beachten bei der Futterumstellung?</u>
Futterumstellungen sollten Schritt für Schritt geschehen. Damit wird den Tieren die Möglichkeit geben, sich an das neue Futter zu gewöhnen. Die Umstellung kann aus verschiedenen Gründen passieren.

Zum Beispiel:
- Darmverlagerung,
- Verstopfung,
- Tumore,
- Wurmbefall,
- weniger/mehr Bewegung.

<u>Lagerung des Futters:</u>

Es ist nicht nur wichtig, für eine ausreichende Ernährung des Pferdes zu sorgen, sondern auch darauf zu achten, dass dieses richtig gelagert wird, da sich sonst die Qualität verschlechtern kann. Das Futter sollte **sauber und trocken bleiben**.

Eine schlechtere Qualität der Nahrung ist schlecht für die Gesundheit des Pferdes.

Verschlechtert sich die Qualität des Heus, kommt es zu einem Überschuss von Eiweiß, was sich besonders beim Fellwechsel bemerkbar macht. Auch ein Energiemangel ist erkennbar. Feuchtes Heu ist Treffpunkt für schädliche Schimmelpilze.

Alles, was mit der Fütterung von Pferden zu tun hat, ist ernst zu nehmen. Auf diese Weise entstehen keine Koliken oder andere Beschwerden.

Pferdeernährung: Bestandteile

Die Pferdeernährung besteht aus verschiedenen Teilen. Um gesund zu bleiben, benötigen Pferde eine ausgewogene

Ernährung. Zu der richtigen Mischung gehört nicht nur Raufutter, sondern auch Saftfutter, Mineralfutter, Kraftfutter und Vitamine.

Saftfutter:

Hauptsächlich nehmen Pferde Gras zu sich. Wildpferde suchen sich saftige Wiesen, wo sie sich aufhalten und Kraft tanken können. Wenn man sich für die Pferdehaltung entscheidet, sollte man genug Möglichkeiten haben, um seinem Pferd sämtliche wichtige Nährstoffe zukommen zu lassen.

Bild 7: Bei der Pferdehaltung ist eine Weide oder eine Koppel mit Pflanzen und Kräutern wichtig.

Weil frisches Grün nicht nur viel Eiweiß enthält, sondern ebenso Ballaststoffe, dürfen die Tiere auch nicht zu lange grasen, wenn sie es noch nicht gewohnt sind. **Fehlt die Gewöhnung an frisches Grün, können lebensgefährliche Koliken bei einem übermäßigen Verzehr auftreten.** Zum Saftfutter gehören zudem Obst, Gemüse und Silage.

Raufutter:

Heu und Stroh bilden das Grundgerüst der Pferdeernährung. Auch Pflanzen und getrockneter Klee zählen dazu. Bei der Wahl des Heus muss man darauf achten, dass es trocken ist, damit Schimmel erst gar nicht die Chance hatte, sich darin zu bilden und zu vermehren. Außerdem verzehren Pferde gerne Häcksel. Dies ist eine Mischung aus Heu und Stroh.

Kraftfutter:

Ebenso ist **Kraftfutter** in der Pferdeernährung **wichtig**. Die Pellets oder das Pferdemüsli besteht zum Großteil aus Hafer, Gerste oder Mais. Es beinhaltet Stärke, Proteine und Fett. **Hafer wirkt** sich zudem auf das Pferd **entzündungshemmend** und **blutzucker- senkend** aus. Die Ballaststoffe des Hafers wirken manchmal **stärkend** für das **Immunsystem. Dieses sollte man aber nicht in großen Mengen** verfüttern. Auf Pferde reagiert es so wie der übermäßige Verzehr von Energy-Drinks auf Menschen. Sie werden übermütig und strotzen nur so vor Energie.

Gerste:
Wenn Pferde stumpfes und kraftloses Fell haben, hilft ihnen gekochte Gerste, die mit Leinsamen gemischt wird. Diese **lässt** das **Fell** wieder **glänzen** und gesund aussehen.

Fertigfuttermittel:
Ebenfalls gibt es zahlreiche Fertigfuttermittel, die man an Pferde verfüttern kann. Zu ihnen gehören zum Beispiel Pellets. Diese sind nicht günstig, enthalten jedoch Nährstoffe, welche die Pferde benötigen. Die fertigen Mischfutter-Sorten werden verschieden dosiert. Die Dosierung richtet sich nach dem jeweiligen Produkt und dem Hersteller.

Mischfutter:
Wer sich schon einmal umgesehen hat, wird in den Boxen die sogenannten **Salzlecksteine** gesehen haben. Diese enthalten wichtiges Kochsalz, welches in der Nahrung nicht sehr oft vorkommt. Allerdings sollte das Pferd **nicht dauerhaft** an ihnen hängen. Sonst droht ein Salzüberschuss, welcher sich durch

häufigeres Trinken, Kotwasser und Durchfall zeigen kann. **Zudem sollten Fohlen nicht an die Salzlecksteine herankommen können.** Generell ist eine gute Mischung aus Vitaminen und Mineralien wichtig. Für solche werden **Minerallecksteine** angeboten. Bei ihnen ist ebenso eine ungesunde Überversorgung zu umgehen. Ihre Nutzung sollte mit einem Tierarzt/einer Tierärztin geklärt werden.

Leckerlis:
Leckerlis gehören zur Ernährung eines Pferdes. Diese sollten aber **nicht ständig** verfüttert werden, sodass sie einen großen Rahmen der Fütterung einnehmen. Sie dienen lediglich zur Motivation des Tieres oder als Belohnung nach dem Training.

Wasser:
Ein weiterer wichtiger Punkt in der Ernährung des Pferdes ist Wasser. Genau wie bei den Menschen ist es hier überlebenswichtig. Dabei sollte man jedoch darauf achten, dass es nicht zu kalt und nicht zu warm ist. Am besten ist es, wenn die Temperatur bei durchschnittlich zehn Grad liegt. **Die Menge, die ein Pferd am Tag trinkt, liegt ungefähr bei 35 Litern.** Ca. 5 bis 12 Liter pro 100 Kilogramm Körpergewicht trinkt ein Pferd am Tag. Die genaue

Menge hängt von der Belastung und dem Wetter ab. Genau wie Menschen trinken Pferde bei Hitze mehr als im Winter bei Kälte. Aus diesem Grund sind Tränken gut, bei denen Pferde sich selber bedienen können. Mit den automatischen Tränken ist das Wasser nicht abgestanden.

Wollen die Pferde jedoch nicht davon trinken, sollte ihnen ein Eimer oder ein anderes Gefäß mit Wasser bereitgestellt werden. Dieses muss immer kontrolliert werden, um sicherzugehen, dass sich kein Dreck darin befindet und es frisch ist. Sonst können Krankheiten entstehen.

Bild 8: Pferde brauchen zum Leben Futter und Wasser/

Futtermittel für Pferde genauer betrachtet:

Folgend werden manche Futtermittel für Pferde genauer beleuchtet. Worauf muss geachtet werden? Was macht gute Qualität bei den Pferdefuttermitteln aus?

Raufutter: Heu:
Das Wichtigste an einer gesunden und ausgewogenen Pferdeernährung ist Heu. Allerdings ist Heu nicht gleich Heu. Man muss auf manche Dinge achten, damit man sicher sein kann, dass man gutes Heu verfüttert, von dem das Pferd nicht krank wird.
Wichtig ist zum Beispiel, dass das Heu nicht zu fein und gleichzeitig nicht zu sperrig ist. Auch sollte es einen hohen Anteil an Blättern und Kräutern besitzen. Am Geruch kann gutes Heu erkannt werden. Es riecht angenehm und stinkt nicht oder riecht nicht feucht. Optisch ist ebenso gutes Heu und schlechtes Heu zu unterscheiden. Gutes Heu ist frei von Schimmel und Staub. Außerdem ist die Frische an der grünlichen Farbe zu erkennen.

Raufutter: Stroh:
Stroh wird nicht nur als Futter verwendet, sondern auch als Einstreu. Pferde haben ein großes Bedürfnis zu kauen. Daher

können sie sich jederzeit an ihrer Einstreu bedienen. Auf diese Weise haben sie etwas zu tun und Verhaltensstörungen treten seltener auf. Dennoch sollte es nur in kleinen Mengen als ein sogenanntes Beschäftigungsfutter verfüttert werden. Im Verdauungsprozess bildet es Ammoniak.

Als gerngesehenes Futterstroh gilt Haferstroh. Dieses sollte genau wie Heu nicht staubig sein oder schlecht riechen. Auch ist regelmäßig zu überprüfen, ob es nicht feucht ist. Ist etwas davon der Fall, eignet es sich nicht für Pferde. Die Verwendung kann zu Erkrankungen der Leber, Atemwege oder zu Problemen des Darms führen.

Zudem ist auf Stroh zu verzichten, wenn Pferde allergische Reaktionen darauf zeigen.

Gutes Heu und Stroh versorgt das Pferd mit Nährstoffen, wie unter anderem Vitamine und Mineralien. **Selbst im Sommer, wenn die Pferde auf der Weide stehen, ist Raufutter wichtig.**

Saftfutter: Grünfutter:

Grünfutter gehört zu den bevorzugten Nahrungsmitteln. Dieses finden Pferde auf der Weide, Koppeln, großen Grünflächen und bei Ausritten.

Wenn man diese seinem Pferd jedoch zugänglich macht, muss man im Hinterkopf behalten, dass nicht alle Gräser und Pflanzen für Pferde geeignet sind. Es passiert zudem oft, dass sie sich in einem schlechten Zustand befinden. Dann können sie die Pferde krank machen. Geeignete Pflanzen sind:

Birke:

Auch wenn viele Menschen gegen die Birke allergisch sind, kann sie Pferden helfen. In den Blättern befindet sich ein harntreibender Wirkstoff, der die Nieren anregt. Auf diese Weise können die Pferde besser giftige Stoffe ausstoßen. Allerdings ist es wichtig, die Birkenblätter nur als Kur zu benutzten. Dabei sollte man darauf achten, dass das Pferd genug frisches Wasser zu sich nimmt. Damit können die Stoffe besser ausgeschieden werden. Man kann sie auch bei schuppiger Haut verwenden oder wenn das Pferd unter Ekzemen leidet.

Brennesel:

Dieses Kraut kennt jeder und man kann es beinahe überall finden. Pferde lieben ihre getrockneten Blätter. In Brenneseln befinden sich wichtige Mineralien und Nährstoffe. Außerdem enthalten sie viel Vitamin E. Auch Eisen, Calcium, Kalium, Magnesium und die

Vitamine A und C sind in ihr vorhanden. Wenn zu wenig rote Blutkörperchen vorhanden sind, hilft sie. Bei der Verdauung wirkt sie ebenfalls förderlich.

Wenn man sie pflückt, muss man allerdings vorsichtig sein. Um sich nicht selber an den Härchen zu verletzen, trägt man am besten Handschuhe. Sobald sie getrocknet sind, kann man sie zu Tee verarbeiten oder Leckerlis daraus machen. Man kann sie auch einfach unter das Heu mischen und sie so an das Pferd verfüttern.

Echinacea:
Dieses Kraut wird auch als roter Sonnenhut bezeichnet. Eigentlich kommt es aus Amerika. Mittlerweile ist es auch bei uns bekannt. Aufgrund seiner stärkenden Wirkung der Abwehrkräfte wird es gerne verwendet. Falls ein geschwächtes Immunsystem beim Pferd festgestellt wird oder es eine Erkrankung der Atemwege hat, kommt es zum Einsatz. Verwendet wird es außerdem, wenn die Infektionsgefahr erhöht ist. Aufgrund seiner Wirkung sorgt es dafür, dass die Aktivität der Abwehrzellen sich erhöht. Es wirkt unter anderem antiviral und entzündungshemmend.

Fenchel:
Eigentlich kommt Fenchel aus Asien und Südeuropa. Mittlerweile wird er weltweit genutzt. Er hat eine krampflösende und entblähende Eigenschaft. Daher wird er oft bei Pferden mit Verdauungsstörungen und Problemen mit den Atemwegen genutzt.

Gänseblümchen:
Gänseblümchen wachsen beinah im ganzen Jahr. Ihre Hauptzeit ist März bis September. Bei Pferden stärken sie das Immunsystem, die Haut und die Atemwege. Ebenso fördern sie die Verdauung, sind entzündungshemmend und viel mehr. Genutzt werden Gänseblümchen bei Pferden als Tee, frisch, getrocknet, als Kräuteröl oder als Salbe.

Hagebutte:
Hagebutte enthält Vitamin C, Vitamin E, Vitamin A, Carotinoide, Vitamine des B-Komplexes und Vitamin K1. Darüber hinaus enthalten sie viel Fruchtsäure und ungesättigte Fettsäuren. Diese sorgen für ein glänzendes Fell. Gleichzeitig sorgt es für ein gutes Hufwachstum. Dies liegt daran, dass die Durchblutung der Huflederhaut verbessert wird.

Kamille:
Kamille kann man von Mai bis September auf Brachland und Schuttplätzen finden. Es gibt sie genauso auf dem Acker. Diese Pflanze enthält ätherische Öle und Schleimstoffe. Sie ist nicht nur entzündungshemmend, sondern auch beruhigend und löst Krämpfe. Wenn man daraus einen Tee macht, hilft sie dem Pferd bei Magen-Darm-Beschwerden und Blähungen.

Leinsamen/Flachs:
Die Leinpflanze wächst zwischen Juni und August. Sie ist ein Superfood. Ihre Inhaltsstoffe wirken bei Magen-Darm-Beschwerden, Entzündungen und helfen dem Immunsystem. Diese sind bereits in vielen Futtermischungen vorhanden.

Löwenzahn:
Löwenzahn findet man ab dem Frühjahr so gut wie überall. Man erkennt ihn leicht an den gelben Blüten und Blättern, die eine besondere Form haben. Dieses Kraut besitzt viele Bitter- und Schleimstoffe. Daher ist der Geschmack von frischem Löwenzahn etwas, was nicht jedes Pferd mag. Das Kraut hat eine harntreibende Wirkung, hilft bei Verdauungsproblemen und stärkt das Immunsystem.

Minze:

Pferde lieben den Minze-Geschmack in ihrem Futter oder als Leckerli. Das ätherische Öl, welches sich in der Pflanze befindet, sorgt für eine bessere Verdauung. Außerdem beruhigt es den Magen und den Darm.

Minze kann getrocknet oder frisch an das Pferd verfüttert werden.

Salbei:

Salbei wächst von Mai bis Juni. In den Blättern befinden sich Wirkstoffe, die aus ätherischen Ölen, Bitterstoffe, Gerbstoffe, Flavonoide und Steroide bestehen. Sie wirken unter anderem schweißhemmend und entzündungshemmend. Aus diesem Grund wird Salbei hauptsächlich bei Pferden verwendet, die unter chronischen Atemwegserkrankungen leiden. Auch bei einer Entzündung der Schleimhäute wird es genutzt. Dieses Kraut kann man getrocknet oder als Tee dem Pferd geben.

Spitzwegerich:

Es enthält nicht nur viele Schleimstoffe, sondern Mineralsalze. Dadurch löst es besonders gut Schleim und beruhigt die Atemwege des Tieres. Durch seinen Geschmack kann er dafür sorgen, dass Pferde einen besseren Appetit bekommen.

Teufelskralle:

Die Teufelskralle ist zum dauerhaften Verzehr geeignet. Sie beinhaltet unter anderem Zimtsäure und Flavonoide. Sie wird hauptsächlich dann verwendet, wenn Pferde Gelenkprobleme wie Arthrose haben. Zudem findet sie Sehnenproblemen und Magen-Darm-Beschwerden Einsatz.

Walnuss:

Schon lange ist bekannt, dass Walnussblätter Pferden helfen. Dabei können sie innerlich und äußerlich angewendet werden. Walnüsse enthalten ätherische Öle, Flavonoide, Gerbstoffe, Bitterstoffe und eine hohe Konzentration von Vitamin C. Die Blätter helfen bei Entzündungen der Magen- und Darmschleimhaut. Außerdem sind sie hilfreich bei Wurmbefall, Leberstörungen und Entzündungen der Lymphknoten. Weiterhin ist nachgewiesen, dass sie das Blut reinigen und den Stoffwechsel neu aufbauen.

Weißdorn:

Weißdorn blüht von Mai bis Juni. In dieser Pflanze finden sich hauptsächlich sekundäre Stoffe wie Gerbstoffe und Flavonoide.

Er wird vor allem bei älteren Pferden angewandt. Weißdorn fördert die Durchblutung des Körpers und unterstützt das Herz-Kreislauf-System.

Hinweis:
Es gibt Kräuter, für die es eine vorgeschriebene Karenzzeit gibt. Wenn man auf Turnieren starten will, sollte man sich vor der Fütterung von Pflanzen und Kräutern erkundigen, welche Zeit vorgeschrieben ist, damit es keine Probleme mit Anti-Doping-Regeln gibt.

Verwendung von Kräutern:
Kräuter sollten erst an einem dunklen und vor allem trocknen Ort getrocknet werden. Dieser sollte kühl (nicht kalt) sein. Dort werden die Kräuter so verteilt, dass sie nicht aufeinanderliegen. Anders kann Schimmel entstehen.
Sobald die Kräuter trocken sind, können sie in einer luftdichten Dose aufbewahrt werden. Dort halten sie sich ungefähr ein Jahr. Auf diese Weise behalten sie nicht nur ihr Aroma, sodass es dem Pferd schmeckt. Sie sind ebenso vor der Feuchtigkeit von außen geschützt.

Zur Verwendung der Kräuter bestehen mehrere Möglichkeiten. Etwa können sie zu einem Kräuteröl werden und zwischendurch über das Futter gegossen werden. Auch Leckerlis oder Tees können Pferdefreunde herstellen.

Saftfutter: Silage:
Die Silage wird gerne von Pferden gefressen und stellt eine Alternative dar, wenn die Heuqualität schlecht ist. Da sie auf jeden Fall ohne Staub ist, ist sie eine gute Möglichkeit, um Pferde zu füttern, die gegen Staub allergisch sind. Manche bezeichnen sie in diesem Fall als letzte Rettung. Außerdem befinden sich viele Blätter in ihr, sodass sie viele Spurenelemente hat. Ebenso ist sie reich an Mineralien und Energie. Im Gegensatz zum Heu, welches komplett auf der Wiese liegen bleibt, bis es getrocknet ist, wird Silage nur kurz dort liegengelassen. Dann wird es zu einem Ballen gepresst und luftdicht verpackt.

Saftfutter: Obst und Gemüse:
Obst und Gemüse ist gern gesehen bei Pferden. Da sie leicht zu bekommen sind, werden meistens Karotten und Äpfel verfüttert. Ebenfalls gut zu füttern sind Rote Beete, Sellerie, Brokkoli und Rüben. Kohl hingegen kann bei Pferden zu Blähungen führen.

Nachtschattengewächse:

Alles, was zu den Nachtschattengewächsen gehört, ist giftig für Pferde. Dazu gehören Tomaten, rohe Kartoffeln und rohe Maiskolben. Rohe Maiskolben enthalten viel schwer verdauliche Stärke, was zu Problemen führen kann.

Äpfel:

Pro Tag sollte ein Pferd nicht mehr als zwei bis vier Äpfel essen. Mehr kann der Verdauungstrakt nicht verarbeiten. Äpfel liefern unter anderem das Kohlenhydrat Pektin, welches gegen Durchfall und Kotwasser vorbeugt. Wenn das Pferd mehr isst, könnte es aufgrund der enthaltenden Säuren schädlich wirken und somit das genaue Gegenteil bezwecken.

Möhren:

Bei Möhren sieht das etwas anders aus. Dort wird empfohlen, dass das Pferd nicht mehr als ein Kilogramm pro 100 Kilogramm Körpergewicht pro Tag bekommt. Eine Überfütterung davon ist nur sehr schwer zu erreichen.

Kraftfutter:

Kraftfutter liefert dem Pferd die Energie, die es nicht aus der normalen Nahrung bekommt, aber benötigt. Dazu gehört Hafer, Mais, Pellets, Gerste und Müsli.

Hafer:

Hafer verfügt über viele Schleimstoffe, sodass er bei Magen-Darm-Beschwerden des Pferdes helfen kann. Doch er besitzt noch zahlreiche andere Nährstoffe, unter anderem Magnesium, Eisen und Calcium. Auch enthält er viele B-Vitamine. Diese benötigt das Pferd für den Stoffwechsel und die Nerven.

Hafer enthält 10 Gramm Ballaststoffe pro 100 Gramm. Daher reicht schon eine Menge von 300 Gramm Hafer pro Tag, da man nicht mehr als 30 Gramm Ballaststoffe verfüttern sollte.

Bei älteren Pferden, die bereits Probleme mit den Zähnen haben, muss die Nahrung auf Brei umgestellt werden. Dieser Brei kann unter anderem mit Hafer und Wasser gemacht werden.

Zu viel Hafer kann dazu führen, dass das Pferd Blähungen bekommt. Im Hafer sind viele gute Darmbakterien drin. Werden aber zu viele Ballaststoffe dem Körper zugeführt, kann dies für Probleme sorgen.

Mais:
Die Fütterung von Mais ist meist nicht leicht. Wegen der hohen Stärke muss Mais gut dosiert werden. Die Stärke wird im Dünndarm nur schwer verarbeitet. Am besten muss man ihn vorher kochen, um sicherzugehen, dass das Pferd keine Schwierigkeiten bekommt. Mögliche Zubereitungsformen sind Dampfflockieren, Puffen, Ankeimen lassen, Mikronisieren (schlagartiges Erhitzen im Infrarotlicht) oder langes Aufkochen.

Mais wird vorrangig an Pferde verfüttert, die eine hohe körperliche Leistung erbringen müssen. Dies betrifft auch Pferde, die einer extremen Kälte ausgesetzt sind und daher schnell dazu neigen, abzunehmen.

Pellets:
Pellets bestehen aus getrocknetem Gras und Getreide, welches gut verdaulich ist. Dies ist zum Beispiel Gerste oder Hafer. Außerdem ist es mit Nährwerten angereichert, sodass es für den empfindlichen Pferdemagen leicht zu verdauen ist. Pro Tag kann man ungefähr 1,5 Kilogramm pro 100 Kilogramm Körpergewicht verfüttern.

Müsli:

Müsli ist förderlich, um die Stärke zu verdauen, die das Pferd zu sich nimmt. Da es am Müsli länger kaut, regt es den Speichelfluss an. Es verfügt unter anderem über wichtige Vitamine. Vom Müsli kann man täglich 500 Gramm pro 100 Kilogramm Körpergewicht verfüttern.

<u>Tabellarische Übersicht von Raufutter, Saftfutter und Kraftfutter:</u>

Futterart	So sieht es aus	Wirkung/wichtige Infos
Rauffutter Heu	Bild 9	-Grundnahrungsmittel, -darf weder zu grob noch zu fein sein, -gute Qualität ist staubfrei, schimmelfrei, gründliche Farbe, riecht gut
Raufutter Stroh	Bild 10	-nur in kleinen Mengen verfüttern. -darf nicht staubig sein, nicht schlecht riechen und nicht feucht sein, -manche Pferde reagieren allergisch

Saftutter Birke	Bild 11	-harntreibend, fördert Ausstoß giftiger Stoffe, -wirkt gegen Ekzeme -nur als Kur nutzen, -frisches Wasser anbieten
Saftutter Brenn- nessel	Bild 12	-enthält wichtige Mineralein und Nährstoffe, -fördert rote Blutkörperchen und Verdauung -getrocknet verfüttern
Saftutter Echinacea	Bild 13	-stärkt Abwehrkräfte, -hilft bei Atemwegserkrankungen, -wirkt antiviral und entzündungshemmend
Saftutter Fenchel	Bild 14	-krampflösend, -entblähend, -verdauungsfördernd, -hilft gegen Atemprobleme

Saftfutter Gänseblümchen	Bild 15	-blutreinigend, stoffwechselfördernd, verdauungsfördernd, harntreibend, immunstärkend und vieles mehr
Saftfutter Hagebutte	Bild 16	-besitzt viele Vitamine und ungesättigte Fettsäuren, -gut für Fell, -schnelles Hufwachstum
Saftfutter Kamille	Bild 17	-entzündungshemmend, -beruhigend, -krampflösend, -ähnelt optisch Gänseblümchen
Saftfutter Leinsamen/ Flachs	Bild 18	-immunstärkend, -gegen Entzündungen, -gegen Magen-Darm-Beschwerden

Saftfutter Löwenzahn	Bild 19	-harntreibend, -verdauungsfördernd, -immunsystemstärkend, -schmeckt nicht jedem Pferd
Saftfutter Minze	Bild 20	-verdauungsfördernd
Saftfutter Salbei	Bild 21	-gegen Atemwegsentzündungen, -gegen Schleimhautentzündungen, -getrocknet oder als Tee geben
Saftfutter Spitzwegerich	Bild 22	-gut für Atemwege, -appetitanregend

Saftfutter Teufels-kralle	Bild 23	-gegen Gelenkprobleme, Sehnenprobleme und Magen-Darm-Probleme, -als Dauerfutter geeignet
Saftfutter Walnuss	Bild 24	-Walnüsse besitzen wichtige Inhaltsstoffe, -Blätter wirken gegen Leberstörungen, Wurmbefall, Entzündungen der Lymphknoten -blutreinigend, -stoffwechselfördernd, -entzündungshemmend
Saftfutter Weißdorn	Bild 25	-durchblutungsfördernd, -gut für Herz-Kreislauf, -besonders gut für ältere Pferde

Saftfutter Silage	Bild 26	-Reich an Energie und Mineralien, -guter Heu-Ersatz
Saftfutter: Nachtschattengewächse	Tomaten, rohe Kartoffeln, rohe Maiskolben etc.	Alle sind giftig oder ungesund für Pferde!
Saftfutter Äpfel	Bild 27	-große Mengen sind schädlich, -geringe Mengen wirken gegen Durchfall
Saftfutter Möhren	Bild 28	-sind gesund, -Überfütterung kaum möglich

Kraftfutter Hafer	Bild 29		-hilft bei Magen-Darm-Beschwerden, -besitzt viele wertvolle Nährstoffe, -stoffwechselfördernd, -Fütterung bei älteren Pferden als Brei, -Überfütterung führt zu Blähungen
Kraftfutter Mais	Bild 30		-muss gut dosiert werden, -gekocht verfüttern,
Kraftfutter Pellets:	Kann verschieden aussehen.		-besitzt verschiedene Nährstoffe, -leicht zu verdauen,
Kraftfutter Müsli:	Kann verschieden aussehen.		-hilft beim Verdauen von Stärke, -regt Speichelfluss an, -besitzt wichtige Vitamine

Mischfutter:

Als Mischfutter wird Futter bezeichnet, welches aus mindestens zwei verschiedenen Futtermitteln besteht. Normalerweise besteht Mischfutter aus mindestens acht verschiedenen Teilen.

Mineralfutter:

Wenn Pferde beinahe nur Raufutter, also Stroh und Heu, bekommen, ist es wichtig, dass sie extra Vitamine und andere Nähr-stoffe bekommen. Dies gilt auch dann, wenn das Pferd nur wenig Kraftfutter bekommt. Ein **Mangel an Nährstoffen** kann zu Problemen mit Zähnen, Muskeln und Knochen führen.

Sollte Mineralfutter benötigt werden, kann man am Tag ungefähr 60 Gramm verfüttern.

Auch wenn Nährstoffe wichtig für den Körper sind, ist es nicht gut, wenn das Pferd zu viel bekommt. So kann ein **Überschuss** an Calcium zum Beispiel dafür sorgen, dass die Knochendichte schlechter wird. Außerdem kann es zu Harn-steinen führen, die schmerzhaft sind.

Wichtige Mineralien sind Zink, Eisen, Kupfer, Selen, Magnesium, Phosphor und Calcium. Jedes dieser Mineralien hat eine eigene

Wirkung auf das Pferd. Bei allen sind die Werte unterschiedlich, die ein Pferd bekommen muss, damit es gesund und fit bleibt.

Zink:

Beim Pferd ist Zink unter anderem in den Hufen, Knochen und Bauchspeicheldrüse vorhanden. Vor allem kommt Zink in Enzymen und Hormonen vor. Daher würde ein Mangel den Stoffwechsel und die Funktion der Sinne schaden. Ein Mangel ist durch glanzloses
Fell, Probleme beim Fellwechsel oder an schwer heilenden Wunden zu erkennen. Weitere Folgen sind Schuppenbildung und schnelleres Krankwerden. Wenn Pferde zu viel Kupfer bekommen, wird die Zinkaufnahme verringert.

Eisen:

Eisen ist für Pferde wichtig. Unter anderem sorgt es für rote Blutkörperchen. Außerdem ist es für die Bildung von Hämoglobin und Myoglobin zuständig. Hämoglobin ist ein eisenhaltiges Protein-komplex und verleiht dem Blut seine Farbe, da es in den Blutkörperchen den Sauerstoff bindet. Zu einem Mangel von Eisen kommt es nur selten, etwa bei heftigem Blutverlust, bei einem gestörten Hämstoffwechsel, bei einem Magengeschwür, bei Blutungen des Darmtraktes oder beim Befall mit Parasiten. Eisen muss meist nicht zugefüttert werden. Heu und Gras enthalten genug Eisen.

Kupfer:
Kupfer hilft dem Pferd, Kollagen zu bilden und ein stärkeres Bindegewebe aufzubauen. Dieses ist unter anderem wichtig für die Stabilisierung der Knorpelzellen. Allerdings spielt es auch in den Bändern und Sehnen eine wichtige Rolle. Außerdem ist es wichtig für die Wundheilung. Ein Mangel an Kupfer macht sich durch unterschiedliche Symptome bemerkbar. Unter anderem funktioniert die Bewegung nicht mehr so gut. Weiter sind Erbrechen, Durchfall und Muskelschwäche mögliche Folgen. Genug Kupfer findet man in Mineralfutter. Der Bedarf eines ausgewachsenen Pferdes (mit einem Gewicht von ca. 500 kg) pro Tag liegt ungefähr bei 60 bis 90 Milligramm. Trächtige Stuten hingegen haben einen höheren Bedarf an Kupfer.

Selen:
Selen hat beim Pferd mehrere Aufgaben. Zu den wichtigsten gehört, die Zellen vor aggressiven Sauerstoffverbindungen zu

schützen. Damit übernimmt es die Aufgabe eines Antioxidans. Ein Mangel von Selen macht sich auf verschiedenen Wegen bemerkbar. Unter anderem durch: Leistungsschwäche, Haarausfall, Müdigkeit, Koliken, Kreuzverschlag und Zellschäden. Sollte ein Mangel vorliegen, sorgt der Stoffwechsel dafür, dass Selen Muskeln und Knochen entzogen wird. Ein ausgewachsenes Pferd hat einen Bedarf von bis zu 0,2 Milligramm pro Kilogramm Trockensubstanz.

Magnesium:
Magnesium unterstützt beim Pferd zwei wichtige Funktionen. Eine ist die Muskelkontraktion, die Weiterleitung der Nerven. Die andere sind die enzymatischen Vorgänge. Außerdem ist es gut für die Knochen. Es gibt mehrere Wege, um zu erkennen, dass das Pferd zu Magnesium bekommt. Unter anderem: Probleme mit der Haut, Koliken, Leistungsabfall, Probleme mit dem Kreislauf, Muskelkrämpfe, Probleme mit der Verdauung.
Der Magnesium-Bedarf eines ausgewachsenen Pferdes liegt ungefähr bei 1,5 Gramm pro 100 Kilogramm Körpergewicht.

Phosphor:
Phosphor ist wichtig für den Stoffwechsel in den Muskeln.

Calcium:
Calcium stärkt die Knochen. Zudem hilft Calcium beim Stoffwechsel. Ein Mangel an Calcium macht sich auf verschiedenen Wegen ersichtlich. Unter anderem Muskelzittern, Fehlstellungen der Knochen, Fruchtbarkeitsstörungen, Störungen im Wachstum. Ein ausgewachsenes Pferd benötigt ungefähr 30 Gramm Calcium am Tag. In den meisten Fällen braucht man nichts zufüttern, da es über das Heu abgedeckt ist.

Spurenelemente:
Spurenelemente sind bedeutungsvoll für den Stoffwechsel des Pferdes. Dabei übernehmen vor allen Selen, Mangan, Jod, Zink und Kobalt unerlässliche Aufgaben.

Mangan:
Mangan sorgt dafür, dass Pferde Stress besser bewältigen und abbauen können. Auch sorgt Mangan für eine schnellere Verarbeitung von Phosphor und Calcium. Einen Mangel kann man bei Pferden gut feststellen. Oft sind sie dann verspannt, beinahe steif. Außerdem haben sie oft Probleme mit den Gelenken. Auch Kreuzverschlag, Hufrehe und Übersäuerung können auftreten.

Wenn man es ganz genau wissen will, lohnt es sich, ein Blutbild machen zu lassen.

Jod:

Jod lässt die Schilddrüse funktionieren. Es hilft bei der Produktion der Hormone T3 und T4. Ein ausgewachsenes Pferd hat einen täglichen Bedarf von ungefähr 3 Milligramm. Trächtige Stuten haben jedoch einen höheren Bedarf. Dies ist auch bei Jungpferden der Fall, da sie noch im Wachstum sind. Einen Mangel erkennt man am Leistungsabfall. Trotz, dass Pferde nicht mehr viel fressen, nehmen sie zu. Auch sind sie oft müde, haben einen niedrigen Blutdruck und Probleme mit dem Fell.

Kobalt:

Nicht nur Menschen brauchen Kobalt, um Vitamin B 12 zu bilden, sondern auch Tiere. Überdies ist es wertvoll für die Blutbildung, den Stoffwechsel mit Folsäure und das Nervensystem. Ein Mangel führt dazu, dass das Pferd nicht mehr wächst. Zudem kommt es zu Hautveränderungen und Blutarmut.

Empfohlene Mineral-Menge in einer kleinen Übersicht:

***Angabe bezogen auf 100 Kilogramm Körpergewicht eines ausgewachsenen Pferdes. Muss dem tatsächlichen Gewicht des Pferdes angepasst werden.

Mineral	Empfohlene Tages-Menge in Milligramm
Zink	0,85***
Kupfer	0,12 bis 0,18*** (bei trächtigen Stuten mehr)
Selen	0,2 Milligramm pro Kilogramm Trocken-Substanz
Magnesium	1.500***
Calcium	6.000***
Jod	etwa 3 Milligramm pro erwachsenes Pferd (Jungpferde und trächtige Stuten mehr)

Vitamine:

Genauso wie Menschen benötigen Pferde Vitamine, um leistungsstark und gesund zu bleiben. Dabei übernehmen sie wichtige Aufgaben. Unter anderem:

-Leistungsfähigkeit,
-Wachstum und Fortpflanzung,
-Stoffwechselvorgänge,
-Lebensqualität,
-Sehvermögen,
-Immunsystem,
-stabile Knochen,
-Schutz der Haut.

Der Bedarf richtet sich nach der Jahreszeit, ob es ein Freizeitpferd oder ein Sportpferd ist, dem Alter des Pferdes und dem Gesundheitszustand.

Vitamin A:
Vitamin A ist wichtig für eine trächtige Stute. Es fördert die Fruchtbarkeit. Außerdem ist es gut für die Haut und die Schleimhäute. Es unterstützt das Immunsystem und das Sehvermögen.

Vitamin B:

Die B-Vitamine Vitamin B3 (Niacin), Vitamin B5 (Pantothensäure), Vitamin B7 (Biotin) und Vitamin B9 (Folsäure) sind gemeinsam notwendig. Diese Vitamine und Nährstoffe sind nötig bei der Energieumsetzung und beim Stoffwechsel. Ebenso haben sie Bedeutung für die Schleimhäute.

Biotin sorgt für eine strapazierfähige Haut. Auch ist es wichtig für ein glänzendes und gesundes Fell und Langhaar. Ebenso sorgt es für gesunde und belastbare Hufe.

Vitamin B12 unterstützt das Wachstum von Jungpferden und fördert die Blutbildung.

Vitamin D:

Vitamin D ist für Calcium und Phosphor wichtig. Es reguliert den Stoffwechsel, unterstützt die Absorption aus dem Darm. Hinzu steuert es die Ausscheidung über die Nieren. Darüber hinaus ist dieses Vitamin auch für die Einlagerung in das Skelett verantwortlich.

Vitamin E:

Vitamin E ist dafür zuständig, dass das Blut besser zirkuliert und steigert die Leistungsfähigkeit eines Pferdes. Es verbessert zudem die Herzmuskulatur, kümmert es sich um die Funktion der Keimdrüsen und ist ein Antioxidans.

Vitamin K:

Vitamin K ist grundlegend für die Blutgerinnung. Damit die Knochen stabil bleiben, ist es besonders wichtig für Jungpferde, die sich noch im Wachstum befinden.

Erhöhter Eiweißbedarf bei Pferden

Leistungspferden wie zum Beispiel Turnierpferde und Pferden, die sich im Wachstum befinden, brauchen meistens noch eine weitere Eiweißquelle. Das Eiweiß, welches sich im Heu befindet, ist ihnen zu wenig. Eiweiß ist beim Pferd der Baustein von Zellen. Dabei ist es egal, ob es eine Muskelzelle oder eine Haarzelle ist. Ebenso gehört das Gehirn dazu. Daher haben Pferde während des Fellwechsels einen höheren Eiweißbedarf. Dieser Mangel muss dann mit entsprechendem Futter ausgeglichen werden.

Futter bei erhöhtem Eiweißbedarf:

Pferde, die einen erhöhten Eiweißbedarf haben, brauchen Eiweiß zusätzlich über ihr Futter. Diese Proteine befinden sich zum Beispiel in Hafer oder Gerste. **Allerdings sollte nur Getreide an Pferde verfüttert werden, welches nicht gequetscht wurde.** Sobald das Korn aufgebrochen ist, gehen viele Nährstoffe verloren, welche dem Pferd dann nicht mehr zugeführt werden. Dazu gehört unter anderem Vitamin C. Auch führt dieser Prozess zu einer höheren Belastung von Keimen und Schimmel. Um dieses aufzuhalten, werden oft Zucker oder Konservierungsstoffe dem Futter zugefügt, die schädlich für das Pferd sind.

Am besten ist es, Pferde so natürlich wie möglich zu füttern. Dies bedeutet, dass gesunde Pferde ganzen Hafer oder Gerste bekommen, den sie mit ihren Zähnen zermahlen können. **Nur ältere und kranke Pferde**, die damit Probleme haben, **sollten frisch gequetschten Hafer bekommen**. Dabei muss aber darauf aufgepasst werden, dass er wirklich sofort verfüttert wird.

Ernährungsprogramme

Es gibt unterschiedliche Ernährungsprogramme für Pferde. Dabei geht es vor allem darum, dass Leistungspferde andere Nährstoffe und in anderen Mengen benötigen als zum Beispiel Freizeitpferde.

<u>Ernährung für Sportpferde:</u>
Von Sportpferden wird allgemein mehr verlangt. Daher benötigen sie mehr Energie. Wie bei jedem Pferd ist hochwertiges Heu die Grundlage der Fütterung. Dazu kommt stärkehaltiges Kraftfutter, etwa Hafer. Auch ein gutes Mineralfutter sollte nicht fehlen. Dieses sorgt dafür, dass das Pferd alle Nährstoffe bekommt, die es braucht. Dabei geht es vor allem um Magnesium, Vitamin E und Selen.

<u>Ernährung für Zuchtstuten:</u>
Vom Körper eines Pferdes wird mehr verlangt, wenn eine Stute trächtig ist. Dabei ist ganz genau darauf zu achten, dass sie alles bekommt, was sie benötigt. Wichtig sind Energie- und Eiweißquellen. Hier ist wieder die Grundlage das Raufutter. Einer trächtigen Stute sollte Heu in unbegrenzter Menge zur Verfügung stehen.

Ernährung für Rentnerpferd:
Ältere Pferde haben einen anderen Nahrungs-Bedarf. An sie wird am besten täglich ungefähr 2 Kilogramm Heu pro 100 Kilogramm Körpergewicht verfüttert werden.

Ernährung für Weidepferde:
Das beste Raufutter befindet sich auf der Wiese. Dies ist frisches Gras. Eine gute Weidefläche besteht aus mehreren Teilen, unter anderem aus verschiedenen Gräsern, Kräutern, Büschen und Bäumen.

Ernährung für Fohlen:
Fohlen fressen nicht nur Gras und Heu. Um wichtige Vitamine und Nährstoffe zu erhalten, ist es wichtig, dass Fohlen auch Hafer und Mineralfutter bekommen. Mit der Zeit lernt das Fohlen, giftigen Pflanzen auszuweichen.

Ernährung für Rekonvaleszenzpferde:
Rekonvaleszenzpferde sind Pferde, die sich von einer Krankheit erholen. Wenn sie zum Beispiel Hufrehe hatten, sollten sie mehrere Nahrungsergänzungsmittel bekommen, damit sie wieder gesund sind. In diesem Fall sind Biotin, Methionin und Zink am

besten. Außerdem sollte man das Gewicht von Pferden überwachen, die sich viel im Stall befinden. Nur so kann man herausfinden, ob das Futter zu viel Energie für das Tier enthält.

<u>Diät für Pferde:</u>
Pferde können übergewichtig sein. Wenn dies der Fall ist, heißt es in der Theorie, dass sie weniger fressen und sich mehr bewegen müssen. In der Praxis ist dies jedoch nicht so leicht. Bei übergewichtigen Pferden, ist wichtig was gefressen wird und wie viele Mahlzeiten am Tag zu sich genommen werden. **Es ist nicht damit getan, einfach die Menge zu reduzieren und weiterhin die gleichen Sachen zu füttern.** Dies ist aber das, was die meisten denken. Dieses Vorgehen kann für Pferde allerdings schlimm enden. Im schlimmsten Fall kann es dafür sorgen, dass es nichts bringt und die Kilos nicht purzeln.

Hat ein Pferd mit Übergewicht zu kämpfen, steckt meistens eine falsche Ernährung hinter diesem Problem. Gerade Pferde, die nur im Freizeitbereich unterwegs sind und dementsprechend geringere Leistungen erbringen müssen, haben oft damit zu tun. Nicht selten bekommen sie zu viel Kraftfutter. Dieses verwandelt sich in Energie, die nicht verwendet wird, zu Fett.

Wie das Übergewicht beim Pferd erkennen?

Das Übergewicht ist am Schweifansatz und der Widerrist zu sehen. Mit dem **Body Condition Score**, kurz BCS, kann herausgefunden werden, ob ein Pferd übergewichtig ist. Sind nach dem Erreichen der Stufe sieben (diese bedeutet dick) die Fettpolster zu sehen, ist das Pferd übergewichtig.

Warum ist es gefährlich?

Das Übergewicht kann bei Pferden zu verschiedenen Problemen führen, unter anderem zu: Gelenkproblemen, Hufproblemen, leicht entzündlicher Haut, einem defekten Immunsystem, Kreislaufproblemen, Stoffwechselstörungen, einem erhöhten Blutzucker und Zellschäden. Haben Pferde zu viel auf den Hüften, sinkt auch ihre Leistungsbereitschaft. Außerdem können die Pferde früher sterben.

Welches Futter macht die Pferde eventuell dick?

Unter anderem steckt nicht nur viel Energie im **Hafer**. Dieser hat auch viele Kohlenhydrate. Diese sind zu verbrennen, damit sie nicht ansetzen. Viel Zucker ist ebenso im **Heu**.

Das richtige Futter zu Abnehmen:

Für übergewichtige Pferde wurde extra Low-Carb-Futter entwickelt. Dieses hat weniger Stärke und Zucker und soll dennoch sättigen. Es hilft nicht nur dem Pferd beim Abnehmen, sondern beugt auch Hufrehen vor. Dieses Konzept besagt, dass Pferde manches Futter nicht bekommen sollen oder nur in einer geringen Menge. Dazu gehört nicht nur Zucker, sondern genauso Stärke. Weiterhin ist darauf zu achten, dass es mehr Fasern enthält. Hinzu benötigen die Tiere weiterhin Proteine und genug Vitamine. Dabei sind vor allem fettlösliche Vitamine gut. Dazu gehört etwa das Vitamin E. Auch Spurenelemente und Mineralstoffe sind für die Tiere wichtig. Immerhin soll das Pferd während des Abnehmens nicht krank werden.

Der genaue Futterplan wird am besten einem Fachmann oder einer Fachfrau abgesprochen.

Nicht falsch vorgehen:

Die erste Reaktion der meisten Besitzer sieht immer so aus, dass die Heurationen weniger werden. Sie gehen davon aus, dass das Pferd dann von allein abnimmt. Dies machen sie jedoch, ohne vorher darüber nachzudenken, ob das wirklich die richtige Entscheidung ist.

Man sollte auf jeden Fall darauf achten, dass man Futter mit Raufutter ergänzt, damit das Pferd keinen Hunger hat. Dieses sollte aber begrenzt zur Verfügung gestellt werden. **Als Raufutter kann man Stroh nehmen, welches weniger Energieanteil hat.** Auf diese Weise bewegt man das Pferd dazu, dass es seine Fettreserven nutzt und so an Gewicht verliert. **Ein Heumangel ist für Pferde Stress.** Sie sind es gewohnt, jederzeit freien Zugang dazu zu haben. Wenn genau das nun nicht der Fall ist, denken die Pferde, dass sie nichts mehr bekommen. Als Folge speichern sie noch mehr jedes Fett, was sie bekommen können und werden noch dicker. Denn das Gehirn sende dem Körper ein Signal, da dieser denkt, es stehen schlechte Zeiten an.

Dieser Vorgang ist für Pferde lebenswichtig. Sie erleben eine stressige Situation. Diese sorgt dafür, dass sie unter anderem mehr Adrenalin ausstoßen. Das wiederum sorgt dafür, dass auch mehr Insulin ausgeschüttet wird. Dies sorgt dafür, dass die Verbrennung des Fettes gestoppt wird.

Eigentlich ist es so, dass ein Hormon von dem Sättigungszentrum ausgeschüttet wird, wenn die Fettpolster gefüllt sind. Dieses Hormon heißt Leptin. Es sorgt dafür, dass der Hunger des Tieres geringer wird und es weniger frisst. Wenn zu viel Fettgewebe vorhanden ist, scheint genau das nicht der Fall zu sein.

Raufutter hingegen sorgt dafür, dass der Magen voll ist und das Kauen die Produktion des Speichels anregt. Raufutter gilt als Schonkost für den Magen eines Pferdes ist. Fehlt dieses, ist das eine Gefahr für die Gesundheit des Pferdes. Das Verdauungssystem eines Pferdes ist darauf ausgelegt, ständig etwas zu fressen. Geschieht genau das nicht, kann das Pferd eine Kolik bekommen und gefährliche Magengeschwüre können sich bilden.

Damit das Pferd gesund und fit abnimmt, sollte man energiearmes Heu verfüttern. Dafür eignen sich am besten Netze. Diese sorgen dafür, dass das Pferd immer nur kleine Mengen herausbekommt und länger etwas davon hat. Sobald Pferde merken, dass sie sich keine Sorgen machen müssen und immer Futter da ist, fressen sie irgendwann weniger. Daher verlieren sie Gewicht. Auch werden sie von selbst Fresspausen einlegen, wenn sie keine Angst haben müssen, dass sie irgendwann nichts mehr bekommen.

Futter und Bewegung:
Übergewichtige Pferde sollten zu einem energieärmeren Futter mehr Auslauf bekommen. Dabei kann ein Paddock helfen, welches jedoch nicht einen größeren Auslauf ersetzt.

Das Schlimmste ist, wenn sie ohne Unterbrechung in der Box stehen und so ihr Fett nicht ablaufen können.
Eine Diät muss gut durchdacht und durchgeführt werden. Es muss genau berechnet werden, welche Portion das Pferd zu viel aufnimmt, damit sie verringert werden kann. Nur dann bekommt das Pferd weniger Energie, die es nicht abarbeiten kann.

Pferdeernährung im Wandel

Der Leistungsanspruch an Pferde hat sich in den letzten Jahrzehnten geändert. Dementsprechend musste die Ernährung angepasst werden.

<u>Was hat sich in der Leistung geändert?</u>
Früher wurden Pferde hauptsächlich zur Arbeit eingesetzt, unter anderem auf dem Feld. Heute ist dies nicht mehr der Fall. Die meisten Pferde sind Freizeitpferde und müssen nicht mehr die gleiche Leistung erbringen. Des Weiteren stehen viele Pferde wegen falscher Reitweise, falscher Haltung, mit zu wenig Bewegung oder wegen häufiger Turniere unter Stress.

Was hat sich im Energieverbrauch geändert?

Mit der verringerten Leistung benötigen Pferde heute nicht mehr so viel Energie. Dies hat zur Folge, dass die Pferde weniger fressen als damals.

Folgen der Veränderung:

Die Veränderungen sind nicht gering. Es gibt leider Krankheiten, die in den letzten Jahren zugenommen haben. Unter anderem sind unterschiedliche Probleme beim Stoffwechsel dabei. **Durch den geringeren Energieverbrauch und die geringere Nahrungsaufnahme, nehmen die Pferde auch weniger Vitamine und Nährstoffe auf**, welche sie brauchen, um gesund und leistungs-bereit zu bleiben. Durch spezielle Nahrung können die Nährstoffe zugeführt werden.

Es gibt verschiedene Zusatzfutterarten. Viele von ihnen sind nicht gut auf die Bedürfnisse eines Pferdes abgestimmt. Oft fehlen wichtige Vitamine und Spurenelemente. Außerdem ist das Futter leider meist nicht für die Verdauung eines Pferdes gut, sodass in diesem Bereich Probleme auftreten können.

In vielen Zusatzfuttermitteln befindet sich ein hoher Anteil an Calcium. Dies fehlt den wenigsten Pferden, wenn sie genug Rau- und Kraftfutter bekommen. Auf der anderen Seite ist Magnesium in der Regel gering vorhanden. Hier liegt die Zahl der Tiere, denen es fehlt, eindeutig höher. Dies liegt eventuell daran, dass es in den meisten Futtermitteln nur in geringen Mengen vorkommt und nicht weiter zugefüttert wird. Warum das zutrifft, ist leicht. Die Kosten der Rohstoffe sind zu hoch. Vor allem das hochwertige Magnesiumcitrat ist teuer in der Beschaffung. Verbindungen, die Calcium enthalten, sind hingegen günstiger und werden daher lieber verwendet.

Ein **Überschuss** an Calcium ist allerdings nicht gut. Er sorgt dafür, dass andere Nährstoffe nicht gut aufgenommen werden.

Ein weiteres Spurenelement, welches Pferden oft fehlt, ist Zink. Dieses ist in den Zusatzfuttermitteln meistens gar nicht vorhanden. Wenn es das ist, dann nur in geringen Mengen und dann meistens nur als Zinkoxid. Dieses kann vom Pferdekörper nicht verwertet werden. **Ideal ist für Pferde Zinkchelat.** Dieses kann ihr Stoffwechsel am besten verarbeiten. Es sollte mit einer Aminosäuren-Verbindung versetzt sein, wie es auch im natürlichen Pferdehanf vorkommt.

Die Weidehaltung:

Ein weiteres Problem, dass Pferde zu wenig Nährstoffe aufnehmen, sind die Weiden. Viele Weiden und Wiesen, von denen das Heu stammt, sind immer wieder falsch kultiviert worden. Man kennt es von Feldern, auf denen immer das Gleiche angebaut wird. Irgendwann haben sie nicht mehr die richtigen Nährstoffe im Boden. Hier ist es nicht anders.

Bild 31:Pferde auf einer Weide

Die meisten Flächen sind überweidet. Außerdem sind sie **verdichtet, verwurmt und weisen zu wenig Kräuter auf**. Allerdings haben sie viele fructanreiche Pflanzen. Darunter fällt das deutsche Weidelgras, welches für Pferde nicht zu empfehlen ist. Aufgrund der Stoffe, die sich darin befinden, kann der Stoffwechsel sie nur sehr schwer verarbeiten. Daher ist es als Futter in großen Mengen nicht geeignet. Wenn Pferde eine zu hohe Fructanmenge zu sich nehmen, können sich schwere Krankheiten bilden, unter anderem Koliken, Hufrehe und Stoffwechselerkrankungen. **Um Weiden aufzuwerten, gibt es besondere**

Mischungen. Auch Überdüngungen und viel Unkraut machen Weiden ungesund.

<u>Fehlende Abwechslung:</u>

Im Allgemeinen kann gesagt werden, dass viele Pferde zu einseitig essen. Dies sorgt für Stoffwechselprobleme und Mangelernährungen.

Leider bietet die Mehrheit der Böden keine Nährstoffe mehr, beziehungsweise nicht genug. Noch vor dreißig Jahren hatten die Böden bis zu siebzig Prozent mehr Nährstoffe als heute. Kümmert man sich nicht richtig um sie, werden die Futterpflanzen weniger Nährstoffe in sich tragen. Hinzu stehen viele Pferde nicht mehr oft auf der Weide. Daher können sie nicht mehr nach den Nährstoffen suchen, die sie benötigen. Und wenn Weiden dann noch nährstoffarm sind, wird es noch schwerer. Dabei machen die Pferde dies eigentlich alleine.

Auch Fohlen, die früher noch genug Nährstoffe gefunden haben, haben nun nicht mehr die Möglichkeit dazu. Es beginnt schon bei ihrer Geburt. Dadurch, dass die Mutterstuten nicht genug Nährstoffe zu sich nehmen, werden sie mit einem Mangel geboren. Die Anzahl der Jungpferde, die unter Krankheiten leiden, wird immer größer. Folgen sind schlechtes Fell, Eierpusteln, eine nachlassende Entwicklung. Dies tritt vor allem auf, wenn Zuchtstuten jedes Jahr Fohlen bekommen. Dann müssen Nährstoffe zugefüttert werden.

Pferden Lebensmittel füttern?

Einige Lebensmittel sollten nicht an Pferde verfüttert werden. Sie können für Krankheiten sorgen. Zu den nicht angemessenen Lebensmitteln gehören:

Zitrusfrüchte:
Zu den Zitrusfrüchten gehören unter anderem Zitronen und Grapefruits. Von Natur aus sollten Pferde diese nicht fressen. Sie haben einen hohen Anteil an Fruchtzucker und besitzen viel Säure. Bei Pferden, die bereits Probleme mit dem Magen oder mit den Zähnen haben, kann dies die Probleme größer machen. In diesem Fall ist komplett auf Obst zu verzichten und nur Gemüse zu füttern. **Auch gesunde Pferde sollten nur eine kleine Menge an Zitrusfrüchten bekommen.**

Obst:

Steinobst wie Kirschen oder Pflaumen werden möglichst nur in geringen Mengen verfüttert. Oft gären sie im Magen des Pferdes und bringen die Verdauung des Tieres durcheinander. Die **Folgen** sind Vergiftungen und Koliken, die tödlich enden können. Auch der enthaltene Fruchtzucker ist schädlich für den Organismus und die Zähne des Pferdes.

Sollte das Pferd auf der Weide Zugang zu entsprechenden Früchten haben, sollten diese entfernt werden. Anderenfalls sollte das Pferd nur kurz an den entsprechenden Stellen grasen.

Eine weitere Gefahr durch Obst draußen stellen Wespenstiche dar. Manche Pferde reagieren allergisch, andere nicht.

Nachtschattengewächse:

Nachtschattengewächse wie Tomaten und Kartoffeln mögen Pferde von Natur aus nicht. Daher meiden sie diese, so gut es geht. Dennoch kann es sein, dass sie **die Blätter und Stängel fressen. Diese sind die giftigsten Teile.** Weil sie Alkaloide enthalten. Diese können das Nervensystem beeinflussen und Krämpfe verursachen. Daran können Pferde sogar sterben.

Kreuzblütlergewächse:

Dazu gehören Rosenkohl und Brokkoli. Die Verdauung dieser Pflanzen kann dafür sorgen, dass Gase gebildet werden. Aus diesem Grund sind sie nicht für Pferde geeignet.

Avocados:

Avocados sind für Pferde **giftig**. Dies zeigt sich unter anderem durch Koliken. Eine Vergiftung kann sogar zum Tod führen.

Schokolade:

Schokolade beinhaltet Theobromin. Auf dieses reagieren Pferde, da ihnen Enzyme im Körper fehlen. Kleinere Mengen können einen Dopingtest positiv anschlagen lassen. **Größere Mengen können ein Pferd töten.**

Brot und andere Backwaren:

Diese wenig verträglichen Mittel fressen Pferde gern. Folgend können **Störungen** bei der Verdauung **auftreten**, etwa Blähungen oder Kolken. Auch Hufrehe kann entstehen. Maximal sollten kleine Mengen in zeitlich größeren Abständen verfüttert werden.

Milchprodukte:
Pferde können Laktose nicht verarbeiten. Daher können Milchprodukte bei ihnen zu Durchfall.

Rationsberechnung

Um sicherzugehen, dass das Pferd alle wichtigen Nährstoffe bekommt, die es erhalten muss, lohnt es sich, die Rationen zu berechnen und einen Futterplan zu erstellen. Auf diese Weise werden Fehler verringert.
Bei der Erstellung sollte die geforderte Leistung des Pferdes klar sein. Selbst das Alter, die Größe und das Gewicht spielen eine nicht kleine Rolle in den Berechnungen. Einige Zahlen bezüglich der Futtermenge wurden bereits genannt. Dies sind allerdings nur Richtwerte und keine allgemeingültige Aussage.
Kommen die Pferde regelmäßig auf die Weide, muss dies in der Berechnung mit einbezogen werden.
Hinzu muss genug Frischwasser vorhanden sein. Die Menge richtet sich nach dem Wetter.

Zusammenfassung

Bei Pferden, die hauptsächlich im Stall gehalten werden, ist auf **genug Raufutter** zu achten. Damit sie zwischendurch etwas zu knabbern haben, eignet sich Futterstroh. Dieses besitzt nicht viel Eiweiß beinhaltet.

Das Heu und Stroh sollten eine gute Qualität aufweisen. Unter anderem muss es trocken und frei vom Schimmel sein. Außerdem sollte es nicht stauben.

Weiterhin ist durch die Fütterung die Darmflora zu unterstützen. Dies bedeutet, viel Obst und Gemüse zu verfüttern. Vor allem Äpfel und Möhren sind wichtig. Früchte, welche unter **„Pferden Lebensmittel füttern?"** genannt sind, sind allerdings zu vermeiden.

Quellenverzeichnis Bilder

Bild Seite 1 und Cover: https://pixabay.com/de/photos/pferd-spaziergang-halfter-pony-4228913/

Bilder Seite 2: https://pixabay.com/de/vectors/pferd-tier-silhouette-2795105/

https://pixabay.com/de/vectors/pferd-tier-silhouette-pferde-5605096/

https://pixabay.com/de/vectors/pferd-tier-s%c3%a4ugetier-linie-kunst-145442/

Inhaltsverzeichnis: https://pixabay.com/de/vectors/pferd-tier-silhouette-2795105/

Bild 5: https://pixabay.com/de/photos/pferde-futterstelle-fressen-tier-2513919/

Bild 6: https://pixabay.com/de/photos/pferd-bauernhof-s%c3%a4ugetier-tier-3236134/

Bild 7: https://pixabay.com/de/photos/pferde-weiden-weide-tiere-7231689/

Bild 8: https://pixabay.com/de/photos/pferde-wiese-tr%c3%a4nke-l%c3%a4ndlich-natur-3651462/

Bild 9: https://pixabay.com/de/photos/heu-getrocknet-gewendet-wiese-3446852/

Bild 10: https://pixabay.com/de/photos/stroh-ernte-landwirtschaft-feld-1529063/

Bild 11:	https://pixabay.com/de/photos/birke-blatt-zweig-birkenblatt-6159054/
Bild 12:	https://pixabay.com/de/photos/pflanze-blatt-natur-kr%c3%a4uter-3293299/
Bild 13:	https://pixabay.com/de/photos/sonnenhut-bl%c3%bcte-blume-natur-flora-3657413/
Bild 14:	https://pixabay.com/de/photos/fenchel-bl%c3%bcte-bl%c3%bctenstand-gelb-223059/
Bild 15:	https://pixabay.com/de/photos/margerite-wei%c3%9f-blume-g%c3%a4nsebl%c3%bcmchen-5959944/
Bild 16:	https://pixabay.com/de/photos/hagebutte-natur-rot-sammelfrucht-4495331/
Bild 17:	https://pixabay.com/de/photos/kamille-blumen-pflanze-wei%c3%9fe-blumen-3489847/
Bild 18:	https://pixabay.com/de/photos/blauer-flachs-mehrj%c3%a4hriger-flachs-5200811/
Bild19:	https://pixabay.com/de/photos/l%c3%b6wenzahn-blume-pflanze-gelbe-blume-6839758/
Bild 20:	https://pixabay.com/de/photos/minze-gr%c3%bcne-minze-pflanze-1500452/
Bild 21:	https://pixabay.com/de/photos/echter-salbei-salbei-bl%c3%a4tter-115351/
Bild 22:	https://pixabay.com/de/photos/spitzwegerich-spitzwegerich-5163793/

Bild 23:	https://pixabay.com/de/photos/kugelige-teufelskralle-teufelskralle-3821/
Bild 24:	https://pixabay.com/de/photos/walnuss-nuss-schalen%c3%bcsse-braun-970451/
Bild 25:	https://pixabay.com/de/photos/wei%c3%9fdorn-wei%c3%9fdornbl%c3%bcte-bl%c3%bcten-wei%c3%9f-5069277/
Bild 26:	https://pixabay.com/de/photos/feld-russland-silage-5352809/
Bild 27:	https://pixabay.com/de/photos/apfel-rot-obst-lebensmittel-frisch-1834639/
Bild 28:	https://pixabay.com/de/photos/m%c3%b6hren-gem%c3%bcse-ernte-gesund-2387394/
Bild 29:	https://pixabay.com/de/photos/hafer-haferfeld-acker-getreide-8949/
Bild 30:	https://pixabay.com/de/photos/mais-gem%c3%bcse-lebensmittel-gelb-5126454/
Bild 31:	https://pixabay.com/de/photos/island-islandpferde-pferde-herde-1747368/